허영옥 시집

장마에 말라 죽다

장마에 말라 죽다

인쇄 · 2025년 12월 10일 | 발행 · 2025년 12월 19일

지은이 · 허영옥
펴낸이 · 한봉숙
펴낸곳 · 푸른사상사

주간 · 맹문재 | 편집 · 지순이 | 교정 · 김수란 | 마케팅 · 김두천
등록 · 1999년 7월 8일 제2-2876호
주소 · 경기도 파주시 회동길 337-16(서패동 470-6) 푸른사상사
대표전화 · 031) 955-9111(2) | 팩스 · 031) 955-9114
이메일 · prun21c@hanmail.net
홈페이지 · http://www.prun21c.com

ISBN 979-11-308-2349-2
값 12,000원

이 책은 경상남도, 경남문화예술진흥원의 문화예술 지원을 보조받아 발간되었습니다.

푸른사상 시선
222

장마에 말라 죽다

허영옥 시집

푸른사상
PRUNSASANG

| 시인의 말 |

온 누리 출렁이는 시월의 끝자락

땀에 전 옷 벗어 걸고 왔던 길 되짚어봅니다

때로는 취하지 않고도 비틀거리며 버틴 시간들을

물들어가는 단풍 아래 쉼표로 걸어두고

가고 싶었으나 가지 못했던

나만의 길을 찾아 다시, 새벽길을 나서렵니다.

가다 보면 내 걸어왔던 흔적들이

울긋불긋 되살아와 불 밝힐 것 같습니다.

2025년 가을
소정 허영옥

| 차례 |

제2부 가을꽃 놀이

제3부 꽃무늬 달팽이

제4부 말똥말똥한 질문

제1부

내가 없는 하루

거미줄

밤사이
묵은 하루들이
얼기설기 얽힌 거미줄 위
뒹굴어진 수많은 주검의 속살을 파먹고

먼 산
총총 누운 무덤을 보고도
포만을 모르는 욕망은
층층이 덫을 놓고 기다린다

나는
아직
배가 고프다

보이지 않는 날개가 아프다

안으로, 안으로
웅크리기만 한 날들 속에
나는 점점 날개가 있다는 것조차 잊어버렸다

아침에 대문을 나서서 저녁에 들어서는
오랜 습관이 굳어가는 시간에 편하게 젖으며
날개는 퇴화의 흔적만 남기고
비상은 습관의 우리에 갇혔다

내 시간이
습관의 쳇바퀴를 돌고 있는 것을 알았을 때
한 번도 날아본 적 없어서
없어진 줄도 몰랐던
날개의 흔적이 아프기 시작했다

그 이후, 쉽게 대문을 나서지 못하는 내게
누군가는 두려움이라고 했고
또 누군가는 설렘 때문이라고 했지만

저녁마다 아려오는
사라진 날개의 흔적에
아직 날 수 있다는
두려움과 설렘의 처방전을
조심스레 쓰며
나는
내 안의 비상을
깨운다

내가 없는 하루

창밖의 정물은 그대로이면서
하루도 똑같지 않다

햇살은 예사롭게
그림자를 지우기도, 낳기도 하고
바람은 구름을 재촉해
비를 내리기도 한다

매일 아침 껍데기는 눈을 뜨고
알맹이는 잠을 자면서
습관처럼 일을 한다

몇 분 빠르든 늦든
사무실의 잠겨진 문은
아무런 투정 없이
속없는 나를 들이고
컴퓨터와 사람들 사이에
일상을 만든다

잠시도 쉬지 않지만
하루도 틀림없는
돌고 도는 시계 속에
습관만 있고
내가 없는 하루가
또 지난다

감정 노동

간을 떼놓을까
쓸개를 떼놓을까

날마다 출근 전 하는 고민

쓸개는 꼭 가지고 가자

견뎌야 할 것
삼켜야 할 것
넘겨야 할 독한 것들

소화는 시켜야
또, 내일을 만나지

유토피아

장난감 통 안에는
피아노와 장구가 섞여 있어도
불협화음이 없고
초식공룡 육식공룡이 함께 있어도
살육이 없다

윗집에서 아이들이 뛰어다녀도
가난한 자와 부자가 이웃을 해도
아침이면 서로 웃음을 나누는

러시아와 우크라이나
이란과 이스라엘 남한과 북한이
국경을 마주하고 있어도 전쟁이 없는

동쪽과 서쪽 남쪽과 북쪽
아침과 저녁 강과 바다 산과 계곡
색색의 블록이 섞여 있어도
하나가 되는 지구

새가 사는 법

나이가 이른 새벽을 깨운다
어쩌다 새벽에 깨어 눈과 귀가 말똥한 날
부지런한 새소리에 창문을 먼저 열게 된다
새소리 넘어 자박자박 저-윽 저-윽
신발에 끌려가는 하루를 싣고
어둠을 밀고 가는 리어카 한 대

모두 잠들어 있는 시간
먹이를 찾아 헤매는 늙은 하이에나처럼
어슬렁거리는 저 사람,
처진 어깨와 절뚝이는 다리
킬로그램에 60원 한다는 폐지를 모으기 위해
새벽길을 나서고 있다

자동차 불빛이 지나고
운동복을 차려입은 사람들이
하나둘 동쪽으로 뛰어간다

일찍 일어나는 새가 벌레를 잡는다는 말을
믿었던 때가 있었다
늘 잠이 부족해서 하루가
어떻게 오는지 모르는 때였다

장마에 말라 죽다

자꾸 깜빡이는 정신
백열등처럼 불안한 빛 흘리며
하루를 견딘다

장마 예보에
다육 화분 몇 개만 들이고
나머지는 모두 비에 맡겼다

보이는 화분에만
말을 걸고 손길 주며
안에 있는 다육 화분엔
물 줄 생각조차 잊었다

장마 지난 뒤
내가 건너뛴 눈길에
안에서 마른장마 겪은
화분 몇 비우며

내 익숙함의 무심함에
또 누군가를 말라가게 하지 않았나

덜컥, 두려움이 덮친다

누가 달을 베어 갔을까? 1

팔월 한가위
만월의 해산 알리는 보름에도
아무도 오지 않았다

간간이 바람이 몰고 온 손들만
폐가의 마당에 자릴 잡고 앉아
서로의 말에 맞장구치며
고갤 주억거렸다

말갛게 비추는 달빛
너무 밝아 공허한 뒤란 댓잎은
밤새 서걱서걱, 차르르…
칼을 갈았다

바람의 객들은
달빛 진수성찬에 배 두드리며
하나둘 새벽으로 걸어간 뒤

빈 마당과 누군가의 공허를
충만으로 채운 달은

웃음을 베이고도
눈물 흘리지 않았다

빗방울 랩소디

초저녁 빗방울이
공간을 덮은 지붕 위로 앉으며
어둠과 어둠 사이
안의 빈 안전을 노크한다

가로등 불빛
방울방울 아스팔트에 번지고
마른 나뭇가지 사이로 스미고
양철 지붕을 두드리며
높고 낮은 숨결로
리듬을 조율한다

안단테에서 모데라토로
소프라노와 베이스
어울릴 것 같지 않던 선율들의 조화는
심장의 떨림으로
밤을 직조한다

은유와 서정이 섞인
비밀스러운 정사의 밤을 지나
여명 전의 혼미한 문장이
눈을 뜰 때까지

밤은 모든 것을 고백하였으나
나는 끝내
아무것도 해독할 수 없었다

그냥 1

어린이집 다니던 딸아이 장래 희망 발표 날, 기대 찬 부모들 눈초리 알아차리기라도 한 듯 경찰이 되어 나쁜 사람 잡겠다는 아이, 간호사가 되어 아픈 사람 돕겠다는 아이, 드디어 딸아이 발표 차례, 선생님이 되겠다는 딸아이에게 그 이유를 물었는데 "그냥요" 한다 한바탕 배꼽 잡고 웃었던 교실, 쉼 없는 말들의 수식에 지친 날 한여름 시원한 소나기 같았던 "그냥"

하루

때때로 굽히고
손바닥 맞잡아 비비고라도
직립의 무게를 부리고 싶은 날이 많아지는

어디선가 날아와 시선을 잡는
새 한 마리
바람을 가르는 허공에선
잠시도 날개를 접을 수 없는 비상

먹이를 채 간들거리는 가지 끝에서
위태로운 포만을 꿈꾸는
나

소금 바람

봄바람이 지나며
동백의 목을 꺾었다

피 흘리기도 전에
소금 바람 지난다

그래서 동백 진 자리는
덧나지 않는다

땡강 떨어진 동백 위로
소금 바람 지나고 또 지나도
즈려 밟지 않는다

동백이
함부로 향기 흘리지 않을
딱
그만큼이다

그래서 동백은
그 자리에서
봄날의 소금 바람

다시 기다린다

가을이 까칠하고 쓸쓸한 이유

가을 길을 달리면
길가는 온통
자신을 내어놓고 말리는 것들뿐이다

가을걷이 알곡
한 톨의 낟알 물기라도 있을까
이리저리 젓고 있는
다 주고 말라버린 육신의
헝클어진 하얀 머리카락
구부정한 허리, 쭈그러진 얼굴

곧 사라질 풍경들

포근하지 않은
따끈한 가을볕에
낟알의 탱탱함을 말리며
서산을 향해 날아가는
젊은 날의 그림자

가을 들녘 빈자리를 채우며
다 주는 듯
가져가 버리는 바람 줄기
선들 지날 때마다
마음 한구석 쓸쓸한 술렁거림
증발하는 내 안의 낟알 물기

가을이
까칠하고
쓸쓸한 이유인 것이다

우분투*

봄맞이 건강 마라톤에 참석했다
참석하는 것에 의미가 있다며
준비 운동을 하고 뛰기 시작했다

겨우내 웅크렸던 심장이 널을 뛰기 시작할 때
옆을 스치는 사람들이 유성처럼 느껴졌다

문득 우분투라는 말이 떠올랐다
뒤처지지도 않고, 앞지르지도 않는
누군가의 의지도 꺾지 않고
함께 있어 행복한 삶

사람살이에서 평등한 공생은
애초에 불가능한 구호인지 모른다
내 건강을 위해 뛰면서 타인과 겨루다니
다리에 힘이 쭈—욱 빠진다

앞지르는 이와 뒤처지는 이 사이에서

누구와도 맞추지 못하는 엇박자 발을 맞추며
홀로 외치는 평등의 구호
우분투

* 우분투 : 아프리카 반투족의 격언. '우리가 함께 있기에 내가 있다!'

그냥 2

그냥이라는 말이 참 좋다

좋다거나 싫은 이유나 변명을
하지 않아도 되는 말이라

힘센 아이가 친구를 때렸다
이유를 물었더니
"그냥요" 한다

정수리까지 열이 치솟게
'그냥'에게 한 대 맞고
정신이 번쩍 든다

내가 좋아하는 '그냥'은
이유나 설명 없는 게으름이었는데
친구를 때린 아이의 '그냥'은
말보다 날카롭고 깊게 베는
폭력이었다

제2부

가을꽃 놀이

제일 아까운 것

밭일 논일로 벼려진 구십 노모
이제 지팡이 없이 걷기도 힘들다며
놀이터였던 밭을 바라보는데

참깨 들깨 콩 고구마 양파 고추 마늘
계절을 찾아 심던 것들 마음은 뻔한데
이제는 노는 것도 못 하겠다고

지나온 길 청명한데
산 날이 저승 문전이라
앞날이 깜깜하다며

저 옥답 묵히면 아까워 어쩌냐는 푸념 끝에
－엄마, 지금 떠나면 뭐가 제일 아깝노?
－너그*가 제일 아깝다.

* 너그 : 너희들.

겨울 수국

엄마에게 가는 물리적 거리는
넉넉잡고 30분인데 3주가 걸렸다
그것도 통화 속 잘 있다는 안부를 뚫고
먼저 흘러나온 아픔을 느끼고

백발을 젊어져라 염색하고
구십의 세월 바람 맞는 노모
앙상한 소반처럼 웅크린 몸을
더운물로 닦는데
온몸 파스 아래 숨겨진
봄꽃보다 먼저 핀 푸른 멍꽃

가겠다는 전화에
"머하로 올랐고 바뿐데"
말리는 말 뒤로 기다리는 들뜬 마음이
첫물 머위 먹이려고
한 발이면 건너는 도랑을 건너다
뻔한 마음처럼 말을 듣지 않는 몸에

누구에게도 말 못 할 멍꽃으로
내게 주고 싶었던 봄을 앓고 있었다

하루도 녹록하지 않았던 풍상
촉각으로 깎이고 사위어
앙상한 그물로 남은 겨울 수국 같은 엄마
깨알 한 톨이라도 자식들 입으로 들이려
짧은 해에 바쁜 벌이 되어

젖으로
밥으로
봄으로

내게로 날아와
울컥울컥 피와 살로 스민다

상중(喪中)

울다 지친 꿈속에서
나는 상복을 입고 있었다
왜 그런지 생각하려는데
눈물이 먼저 흘렀다

갑자기 딛고 선 땅이 꺼지고
쳐다볼 하늘이 사라졌다

두려움에 짐승같이 울며
아버지를 부르다가 화들짝
눈뜨지 못한 잠이 깼다

나는 낯선 현실과 선명한 꿈
그 사이 어딘가에서
문을 열면 화투패를 두고 있는
아버지 등이 보일 것 같았고

아버지를 부르면

가만히 내 눈물 닦으며
토닥토닥 달래줄 것 같았다

눈을 뜨자 왁자한 조문객들 속
나는 다시 눈을 감고
떠나려는 아버지를 찾았다

기도

생일날 먹는 미역국 속 미역
길게 먹고 명 길라고 자르지 않는다는
어미의 어미가 한
기도 같은 말 되짚으며

긴 미역 줄기 같은 아이들 타박은
건더기 수북한 국그릇에 말아서
너희도 자식 키워보라며
못 들은 척 기도하듯
꼭, 꼭

시집가던 날

스물일곱 새색시
혼례 올리던 날 장맛비가 내렸다

대형 선풍기로 장마 습기 달래다
찌그러진 면사포
곱게 빗은 신부 아버지의
몇 가락 남지 않은 머리카락도
반대를 부르짖고

사진 속에서도 흘러내리던
하객들의 땀방울은
한여름 기후 탓보다
신부의 성질이 곱지 못한가 보다며
흉을 잡던

비가 그치고
냇가엔 쌍무지개가 떴다
신랑을 다루던 처남들 손에

무지갯빛 닮은 은어 몇 마리 올라와
질긴 빨랫줄에 발목 묶여 굳었던 발바닥
다소 희망적인

다시 비가 내렸다
신행 택시는 정자나무 아래서
연방 빵빵한 휘파람 날리는데
추녀 끝 낙수 같은 눈물 바람에
미적거리는 등짝 오라비 떠밀 때

이제 막 친정엄마가 된 엄마가 나와
“정지* 가서 솥뚜껑 세 번 잡았다, 놓았다 하고 나오이라”는
부적 같은 말 따르고 나오는 뒤통수에
“니 근심 걱정 모두 내를 주고 가거레이”
그 말끝에 가랑 눈물 폭우 되었던
엄마의 근심에
내 근심까지 보태지 않으려던 다짐으로
버틴 34년

친구 딸 결혼식에 다녀와
장성한 딸아이 보며
그날의 엄마 장맛비 눈물 맛
알 것도 같은 날

* 정지 : 부엌

울컥하는 양지

몇 명의 할머니가
울긋불긋한 옷을 입고
알록달록한 목수건 두르고
어색하고 수줍게 웃으며
볕살 바른 양지에 앉아
찍은 사진을 보는데

울컥,

양지에 앉아 웃고 있는
낡은 얼굴들 위에
흐르는 비애

흩날리는 민들레 홀씨 같은
그 장면이
긴장감 없이 흐르는
오래된 누아르 영화보다
더 지루하고, 더 암울한

잎이 다 진
비 맞은 겨울나무 같은

그러나
기다리는 봄을
기약할 수 없음에

울컥,

가을꽃 놀이

계절이 바뀔 때마다
앞다퉈 꽃 잔치 열린다

아무리 바빠도
꽃 좋아하던 엄마의 꽃놀이는
지팡이를 짚고부터 닫혀버렸다

엄마의 닫힌 문을 열어보려 하지도 않고
내 흥에 겨워 잔치가 한창인 꽃밭에
엄마를 내려놓았다

꽃송이만큼이나 북적이는 사람들 틈에
꽃 속에 엄마를 세워두고
예쁜 웃음 청하며
"오늘이 가장 젊다"며
셔터를 누르는데

엄마는 약속한 사람 없는 낯선 곳에서

계속 두리번거린다

“도대체 누굴 찾는데?” 묻자
지팡이 짚은 사람은 당신뿐이라며
이젠 이런 곳에 나서기가 부끄럽단다

푸르고 노랗고 붉었던 시절
떨어져 뒹굴다 흙 속에 잎맥만 남은 모습으로

댑싸리, 핑크뮬리, 소국, 코스모스
그 속 누빌 사력을 스스로 내려놓은 당신

꽃밭 옆
유유한 낙동강 물길이
내 가슴으로 흘러든다

고요 앞에서

아버지 하늘로 모시는 날
몇 번을 다짐했다
삶과 죽음은 순리라고

여한 없는 삶이었다며
생의 모든 욕심 접으시던 앞에서
내 몸속 아버지를 뽑아냈다

당신에게 인정받고 싶어
능력의 몇 배로 날뛰었던 지난 시간
허공 속 헛헛한 몸짓으로 무너지는
내가 가여워
희끗희끗한 아이가 떼를 쓰며

당신의 고요가 주는 두려움 앞에
나는 아직도 서 있다

달팽이

엄마는 이제 천천히 걷는다
계단 앞에서 멈추고
문턱 앞에서 숨을 고른다

예전엔 산과 들을 휘저었는데
이제는 지팡이와 유모차를 붙잡고
달팽이가 되었다

가끔 엄마를 뵈러 가면
엄마의 속도에
나도 달팽이가 된다

시간도
엄마의 걸음처럼
숨 고르기 하며
느리게 흘렀으면 좋겠다

빨간 초보 운전

지갑 속에서
걸어서 지하철로, 버스로 따라다니던
아들의 면허증이
집을 다녀가고 난 뒤

신호 위반 고지서가 도착하고
빨간 내 차는
더 빨갛게 물들었다

주차하다 긁힌 상처엔
비싼 빨간 약을 발라야 하는데
"엄마, 미안" 한마디에
빨간 내 지갑이 입을 열어야 했다

속도 내며 달리던 도로에
갑자기 나타나
색시걸음 걷듯 느린
앞차의 빨간 초.보.운.전 딱지

위험물 경고 같기도 하고
나의 처음 같기도 하고
무엇보다
속도 올리면 곁에 있는
내 간이 졸아드는
아들의 운전 같기도 해서

나는 슬금슬금 게걸음으로
비켜갔다

엄마 손 1

꽉 찬 하루가

툭, 떨어진다

성장이 죽음이라는 것을 몰랐다

한 계절

예쁜 꽃 피운 장미

손가락 한마디 디밀 수 없이 빽빽했던 넝쿨

꽃지고 잎 진 뒤 치열했던 한때가

앙상한 삭정이만 남은

엄마 손

엄마 손 2

오래전 쓰일 곳의 날카로움을 잃고
버려진 연장들같이
삐뚤어지고 성글어진

황무지에
호미가 되고 쇠스랑이 되었다가
닳아버린

곧 흙이 될지라도
흙 속에서 건져낼 내일을 뿌리는
갈고리 같은 그 손에
채소밭 한 움큼 앉으면
이순(耳順)의 나는
먹이 받는 새끼 새 되어
아~

처음 물었던 젖꼭지
다디단 그 맛

내 봄

오래전 앨범을 펼쳤다
사진 속 얼굴은 모두
새싹 돋는 봄이었다

높은 산을 혼자 오른 피로에서도
고독은 찾아볼 수 없는데

따뜻하고 포근한 이부자리에 나와
김이 나는 밥상을 받고
때때로 차려입고
절경을 찾아다녀도

계절은 늘 시린 겨울이거나
땡볕 아래 헐떡이는 여름이거나

수없이 찾는 전화벨을 품고 있어도
외롭고
공감하며 마주 웃는 웃음조차

고독한

계절은 봄이 왔는데
아무리 성능 좋은 카메라를 들이밀어도
다시는 담을 수 없는
내 봄

소

산비탈 긴 밭이랑 갈고
무논 써레질에도
아버지 썰어주던 짚여물 한 통에 순종하며
우골탑을 세웠던 너는

어찌하여
맑은 보름달 같은 두 눈에
눈물만 담았느냐

온갖 농기계에
너의 수고로움 내어주고
우사에 묶여 시간 맞춰 쏟아지는
일용할 양식에 입맛 들어
돈이 되는 살을 만들며

넓은 벌판 끝
해설픈 게으른 울음 울던
멀고 먼 그때를 기억하느냐

살이 될 양식이
너의 몸값을 넘어나면
멈추어질 되새김질

눈물 담긴 눈길 줄
석양 널린 벌판조차 사라져버려
두 눈엔
허망함만 남았느냐

모두 네 탓이라고 한다

해마다 올해는 유난히 덥고
유난히 장마가 길고
유난히 가을과 봄이 짧고
유난히 춥거나, 춥지 않다고
여러 이유를 붙이며
언론은 호들갑을 떨 것이다

봄을 맞는 꽃놀이
단풍을 즐기던 가을
꽃놀이와 단풍놀이의 여유와 감성은
텔레비전 앞에서나 어루만지며

날마다 최고를 갱신하는
저 유난한 것들이
인간의 욕심이 만든 것이란 걸 알면서
아무도 편리함을 내려놓지 않으려
모두 네 탓이라고 한다

자연을 대신하는 편리함을 씹으며

나는 오늘도 전자레인지 속에서
공장에서 뽑아낸 계절을 데운다

제3부

꽃무늬 달팽이

배가 고프다

살아낸다는 것은 육신의 허기에 보이지 않는 무릎을 꿇고 수치심을 외면하는 일인지 모른다.

친구가 심정지로 중환자실에 있다는 소식을 듣고도 배가 고프다. 아파트 8층 사는 이가 뛰어내렸다는 이야길 나누면서도 배가 고프다. 깻잎과 상추에 마늘 고기 한 점 차곡차곡 작은 육즙 하나 새지 않게 말아서 입으로 밀어 넣고 친구의 심정지와 8층 사는 이의 투신을 잘근잘근 씹으며 허기를 채운 뒤에야 허기 앞에서는 어떤 죄도 무죄라며 어설픈 자위를 해본다.

좋은 시가 무섭다

나는 평생 좋은 시 쓰기 틀렸다

입소문 좋은 시집 한 페이지 읽고 또 읽는데도
줄지 않고 숨만 차는 고갯길

분명 한글인데 의미도 모양도 잡히지 않아
평론가의 지팡이를 잡았다

내게 불통이었던 시어들이
슬픔으로, 별로, 꽃으로, 사랑으로 날아올라
숨차던 고갯길에 다시 서보지만
여전히 풀리지 않는 수수께끼 같은 낱말들

나는 평론가를 의심하다가
시인의 이력을 살핀다
탄탄하다

덮지도 못하고

풀리지 않는 낱말의 미로를
다시 걷는 나는
갈수록 좋은 시가 무섭다

날짜 지난 신문을 읽는 아침

날짜 지난 신문을 펼쳐서 마늘을 깠다
신문지 위에 떨어진 흙은 글자 사이에 마침표를 찍는다
흙을 털고 신문을 접으니 1면이 나왔다

가깝지만, 먼 이웃 나라 순방길에 오른다는
미숙한 위정자의 웃는 얼굴을 보며
이미 지난 시간인데도
부뚜막에 앉혀둔 아이같이 조마조마한 마음
신문지에 떨어진 마침표들을 털고
신문을 다시 펼쳐 읽는다.

눈앞이 흐려져 안경을 벗었다 썼다
눈을 감았다 떴다 해봐도 마찬가지

처음에는 쉼표 하나가 움직인 것 같았는데
마침표가 없어졌다
미간 주름을 더 깊게 세워
두 눈조리개를 조였다 풀었다 하는 사이

없어졌던 쉼표가 나타나고
이어 마침표가 제자리를 지키자
그 자리에 있어야 할 글자가
사라졌다가 나타났다가

정신 차리고 두 눈을 크게 뜨고
신문을 털었더니 후두두 또 떨어지는 마침표들
우둘우둘 글자들이 스스로 움직였다

걷는다는 걸었고, 뛴다는 뛰었고
사랑한다는 사랑이 없어졌고
행복하다는 행복이 없어졌다
아이들 울음소리에는 아이가 없고
이웃사촌에는 이웃이 없어졌다

위정자들은 서로 으르렁거리고
이웃과 우방의 손바닥 위에서 깨춤을 추고
문화예술이 뭉개진 자리에 광대들만 공을 굴리고

디지털 시대 노동의 무용설이
헤드라인으로 서슬 퍼렇다

신문을 아무리 뒤져도
희망의 소식은 없었고
찾고 싶은 글자들도
끝내 찾을 수 없었다.

농사

엄마와 함께 마늘을 묶는다.

굵고 실한 것들을 골라 내년 종자로 따로 묶는 엄마에게 한 알 심어 여섯 쪽만 얻어도 이익인데 굳이 그러냐고 타박해도 논밭 가리지 않은 70년 농사꾼에겐 먹히지 않는다

좋은 것들만 골라 심어도 하늘이 돕지 않으면 병들어 망하는 것이 농사고, 사람 농사도 마찬가지지, 자식들 맘으로야 날리고 싶지만 어디 마음대로 되더냐는 엄마 말이 진한 마늘 냄새처럼 가슴에 스민다

대학 졸업히고 남들 다 알 만한 직장으로 제 이름 하나 못 세운다고 타박한 아이들 생각이 날아든다. 천둥벌거숭이 아이들에게 내 몫의 체면까지 챙기라 했던 나는 굵고 튼실한 종자였는지, 고루 자라도록 적당한 햇살과 물을 준 하늘이었는지……

아무 말 없이 굵은 씨앗을 찾는 손끝이 부끄럽다

딱지

— 긴 하루

몸도 마음도 다잡고
또 다잡지만
내리치는 힘에 다리가 휘청인다

운 좋게 곡예하듯
몇 바퀴 공중돌기를 하고
간신히 제자리를 잡는다
안도하는 큰 숨

이런 순간도 잠시
사정없이 귀때기를 후리는 녀석
밉기도 하지만
이심전심에 손이라도 잡고 싶다

오늘은 또
몇 번을 더 견뎌야 할까

입동 지나고 짧아진

초겨울 낮이

아슬아슬

앞발

나는,
아직 멀었다

고양이는
다정하게 대하는 이에게는
앞발을 감추지만
적을 만나면 날카로운 발톱을
고수처럼 휘두른다

나의 앞발은
적과 동지를 가리지 않고
비굴과 위선을 포장한 미소로
분별없이 내밀어
없어 진지 오래인 발톱

가끔은 고양이처럼
포근한 미소로 감싼 칼날이 되었다가
처음부터 없었던 것처럼

감추기도 해야 하는데

칼날의 경계를 모르고
내민 앞발이 돌아 올 때마다
번갈아 스친 낯선 온기와 상처에
사라진 발톱

나는,
아직 멀었다

거미 집

사람이 떠난 자리에 거미가 집을 지었다

바람에 삐걱대던 문짝도 쉼 없이 지나는 계절에 고단함을 내려놓는 시간

그늘진 마당 가에 먼지 쌓인 기억의 틈으로 햇살이 조심스레 내려앉는다

버린 적 없으나 돌보는 이도 없어 이미 기울어진 대들보

부엌 한쪽 내려앉은 찬장은 엄마가 간식으로 두었던

고구마와 조청 묻은 숟가락 찐 옥수수 몇 알의 온기를

아직도 기억하고 있을까

쌓인 먼지가 바치고 있는 찬장 문 위로

눌러앉는 시간이 두껍게 쌓일수록

바람은 마당을 채웠던 옛 발자국들의 기억을 지우고

누군가 다시 돌아와 발자국을 새길 때까지

얇은 햇살과 삐걱대는 문짝과 굽은 그늘만이 어우러져

낡아가는 발자국을 껴안고 아침과 저녁을 맞을 것이다

누가 달을 베어 갔을까? 2

백여 호 넘던 동네
껍데기만 남은 사십여 호

도시로 알맹이가 빠져나간
빈집 같은 낡은 사람들만
볕살 바른 곳에 옹기종기

빈 지 20년을 넘긴 옆집
위채와 아래채 사이
만월같이 둥근 마당 가
옹기종기 모였던 장독대도 깨어지고

대나무만 무성해
달빛조차 들지 않는
낡은 집을 지키고 있다

불빛보다 환하게

온 뜰 왁자하게 꽉 채웠던

그 달빛은

누가 베어 갔을까?

정낭걸*

우물 정(井)과 나무 낭(榔)을 모르던 시절부터 그곳은 정낭걸이었다

동네를 가로지른 도랑엔 맑은 물이 흐르고 빨랫방망이 소리 쩡쩡 울리던 오후, 길 건너 우물에선 짙은 물이끼 넘실거리는 사이로 붕어와 개구리가 숨바꼭질했고 젊은 느티나무가 그 모습을 내려다보며, 햇살을 들이기도 그늘을 들이기도 했다

하늘도 들고 바람도 들고 구름도 들렀다 가는 그 우물가

이월 초하루 농한기가 끝나면 동네를 지키는 당산나무 아래 온 마을이 모여 한 해의 안녕을 비는 지신(地神)을 밟고 걸쭉한 막걸리 한 사발에 짠 김치로 목 씻은 어른들은 정낭걸에서 윷놀이로 쉼표에 마침표를 찍었다

아이들도 밤늦도록 자치기, 깡통 차기로 해 지는 줄 몰랐다.

내 유년은 붕어와 개구리가 헤엄치던 우물물 한 양동이로 식은 밥을 말아 먹고, 정낭걸에서 공기놀이와 말타기 깡통 차기로 여물어간 시간이었다

그러나 상수도가 들어오며 우물의 숨구멍을 막았고, 도랑은 복개되고, 우물을 지키던 젊은 느티나무는 베어지고 정자를 지었다.

더 넓어진 정낭걸엔 정(井)도 없고 낭(榔)도 없고, 밤늦도록 뛰노는 아이들도 없다.

이젠 정낭걸이라는 이름조차 아련한 늦은 가을 밤바람에

손가락 걸었던 약속들 낙엽처럼 뒹굴며 쓸쓸한 가슴 어딘가에 고였던

내 유년의 정낭걸을 걷는다.

* 정낭걸 : 우물, 서낭나무, 거리.

독(毒) 짓는 마음

나쁘다는 말은
'나뿐이다'에서
생겼다네요

나만 보는
나만 생각하는
나만 위하는
그 마음들을
나쁘다고 하네요

너만 바라보고
너만 생각하고
너만 위하다 보니
내 마음에
상처가 깊어지네요

상처 난 마음 달래려고
너를 미워하고

너를 비난하고
너를 원망하며
내 마음에 독을 짓는

나는 결국 또
나뿐이네요(나쁘네요)

말 못 할 사연

대형 두루마리 휴지가 걸린
사무실 공용 화장실에서

만만한 책을 들고 가는 오랜 습관

스스럼없이 들어가
무심으로 일을 보고
무심으로 내민 손에
낚이는 것이 없어
마음을 챙겼으나

아~! 그 막막한 절망의 시간
시의 느낌표보다 더 큰 느낌표가
절망의 감탄사 뒤에
쫘—아악
책의 고발성 비명이 울리고
나는 아무 일 없었다는 듯
책을 다독이며 나왔다

나를 보는 시간

밖을 바라보던 나의 시선이
네 앞에서 비로소 멈추고
내 안의 상처를 응시한다

그동안 아무렇지 않은 척 덮어둔 상처를
조용히 들춰보고
비로소 소독한다

내 안으로, 안으로 잦아들며
수만 갈래 흩어져서
희미해지고 끊어진 길들
쌓거나 지우며 이어보려

무너진 길 위에서
무엇이 나였는지
혼란과 침묵 사이에서
나는 비로소
다시 나를 지을 삽을 드는
코로나 시대

장마

작은 마당 가득 채운 화분들
제각각 기지개를 켜는 시간
고양이 밥 챙기며 하루가 시작된다

돌아서면 쑥 자라 있는
장마철 풀을 한 줌 뽑으면서
애타는 문장들이 내 안에서 이렇게 자라주면
얼마나 좋을까 생각하는데
때를 놓치지 않고 달려든 모기 때문에
퍼뜩 정신 차린다

뽑아내는 속도보다 빨리 자라는 장마철 잡초
내가 키운다고 생각한 것이 착각이었음에
묘한 배신감을 느끼는 올해 장마는
마음에 더 오래 젖는다

눅눅한 마음을 다스리려 우린 차 한 잔에
독촉받는 걱정 하나를 풀어

눅눅함을 떨칠
훔칠 문장을 찾아 서성이는데

비가 내리거나 내리지 않거나
장마는 장마다

꽃무늬 달팽이

아침잠 없는 노인들 새벽 일찍 다녀가시고 나면
오전을 다 채우기도 전에 파한다는 시골 오일장
구십 노모 성화에 달려가서

꽃무늬 셔츠와 까만 몸베바지
단체복같이 입은 노인들 모시고
어린 날 단대목 장을 생각하며 갔더니

유년에 대목장 따라와 졸라서 먹었던
군것질거리도 없고
조르며 따라다니는 아이도 없고
시장 막걸릿집에 불콰한 아버지도 없고

지팡이 짚거나 어르신 유모차를 미는 허리 굽은
꽃무늬 달팽이들만
콩나물 가판 앞과 생선 가판 앞에 모여서
서로 당신이 먼저라고 오천 원 지폐를 흔들거나
쌈지에서 꼬깃꼬깃 접힌 만 원 오만 원 지폐를 세는

현대화된 시장 안에 현대는 없다

하얗거나 희끄무레하거나
염색으로 새까만 짧은 파마머리에
쇠 지팡이, 여문 나무, 명아주 지팡이를 짚고
옷과 맞춤한 체크무늬, 꽃무늬 어르신 유모차를 미는
알록달록 꽃무늬 달팽이들 따라
시장 귀퉁이 펼쳐진 꽃무늬 난전에서
흐르는 땀 훔치며
꽃무늬 미래를 뒤적였다

보일러를 켰다

옷장은 가을을 건너뛰고 겨울옷을 내놓는다

길었던 더위를 가렸던 커튼을 올리고
서둘러 달아날까 창가 햇살 잡아들여 놓는데

창밖 은목서는 태연하게 활짝 웃는
아름드리 꽃을 안고 서있다

그러고 보면 덥거나 춥다는 것은
햇볕의 강도 탓만은 아닌 것 같다

부산하던 눈길 꽃에 멈추고
네 마음 탓이라고 깨닫는
가을이 가고 겨울이 왔다

제4부

말똥말똥한 질문

AI

고향에 홀로 계신 어머니, 아버지의 말벗이 되어주는
효녀, 효자 AI
팍팍한 가슴에 잃어가는 눈물을 AI가 흘리고
사람들은 인구 소멸을 걱정하면서도
소멸의 아쉬움을 느끼지 못한다
사람들이 싫어하는 일, 위험한 일을 대신하라고 만든 AI가
이제는 사람만이 할 수 있는 일까지
사람처럼 한다
더 이상 나의 입김과 어루만짐은 위로가 되지 못한다
손가락 끝으로 위로받고 동감하면서
아직도 사람이 로봇을 조종한다고 생각한다
동물들은 서식지에 위기를 느끼면
그곳을 버리고 피한다는데
그래서 그런가?
인간의 아들, 딸들은
자신의 아들, 딸들을 낳지 않겠다고 한다

그래서 더 돈이 되는 소식은
온통 AI다

137일

한여름을 시원하게
한겨울을 따뜻하게 보낸 결과

137일
올해 북극곰이
먹이 활동을 하지 못한 날이라네요

얼음 위에 누워 있어야 할 북극곰은 지친 모습으로
차와 굴뚝이 물 위에 비치는 마른 풀밭에서
이리저리 인간들의 행동을 살피며
사람이 던져주는 큰 물고기를 받아먹고 있네요

이글루가 사라진 북극은
머지않아
집집마다 집채만 한 곰들이
개처럼 집을 지키겠네요

그렇게 서서히

길들어가는 곰의 멸종을
우린 지켜보고 있네요

2024년 12월 3일 새벽, 얼룩

유난히 더웠고
유난히 길었다

밤낮을 잊은 매미는
밤낮으로 더위를 볶았다

서늘한 달빛을 찾아 나갔지만
달빛조차 더위에 시달려 늘어졌다

그래도 없는 사람 사는 것은
추위보다 더위가 낫다고 했던가?

하늘 높은 줄 모르고 오르는 생필품 물가
곳곳 폭염으로 생긴 얼룩이
습기에 피어난 곰팡이처럼 번졌고

없는 사람들도 더워서 죽겠다던 여름에서
나라팔아 먹을까

노심초사하던 가을이 가고
을사년 겨울이 왔다

이 모든 것들이 전조 증상들이었나?

2024년 12월 3일 새벽
국회 의사당에 군인과 탱크가 들이닥칠 때

세상에!
세상에!
하다가
그런데 또
언제라도 그랬을 것 같았다가

하늘을 두려워 않더니
결국 제 발등을 내리찍어
대한민국 역사에
지워지지 않는 얼룩을 남겼다

전쟁

모기 한 마리,
어둠 속에서 나를 먼저 물었다

어둠을 틈탄 게릴라전에 능숙한 너는
밝음 속에 숨지만
어둠을 투시하는 내 눈은 도태되어
밝음만 좇는다는 걸 너는 알아

앵앵거리는 공격 신호에 날 세워보지만
참기 힘든 간지러운 폭격을 받고
하는 수 없이 문명의 스위치를 켜고
한 방을 날리지
나도 양심껏 주먹은 아니야

어둠과 밝음 사이에서 너와의 전쟁은
밝혀낼 것도 없는 에피소드에 불과해

지구 곳곳

자비 가득한 신들의 나라에서
자비 없이 오가는 폭격으로
신들의 곁으로 부모를 보내고
팔다리 잘려난 아이들은
핏빛 낭자한 지옥을 살지

그러고 보면
넌 양반이었네

네가 옳다고 짓밟거나
약한 상대를 골라 빼앗진 않잖아

어쩔티비*

자기 이름도 괴발개발 쓰는 아이들에게
바르게 쓰기 공부하자~ 하면

어쩔티비 저쩔티비 안물티비 안궁티비
……

얘들이 주고받는 노래 같은 이 말들은
사전에도 없는 말
오늘을 같이 사는데 해석 없이 모르는 말

우린 하지 않을 건데 어쩔 거야
안 물어봤고 궁금하지도 않다는
저들만의 반항어

무너지는 바른 말 쓰기는
언어유희에 흔들리고
말도 아닌 말 그만하라고 하니
선생님, 어쩔티비~ 한다

그래서 나도 방금 배운
그들의 언어로

우짤래미~ 저짤래미~쿠쿠루삥뽕

* 어쩔티비 : 어쩌라고, 티비나 봐.

등신불

여름엔 재봉틀 소리마저 삶기고
겨울엔 가위질 소리마저 얼어버리는

실밥 따고 원단 나르고
시다 생활 몇 년은 지나야
어린 누이들 눈물과 한을 깁던
재봉틀 근방에라도 갈 수 있었던

뼈가 다 여물기도 전 잡았던 가위
손마디 마디마디 굳은살 박이고
허리도 펼 수 없었던 낮은 천장은
작은 키를 더욱 작게 만들었던

밤낮 멈출 줄 모르는 재봉틀 소리에
웅웅 울어대는 귀울림
가족의 끼니가 걸린 서러운 가위질에
싹둑싹둑 잘려 나간 내일의 희망들

돌아가는 재봉틀에 손가락을 꿰이고
가위질에 손가락 마디 툭툭 불거져가며
받은 월급으로
온통 삶이 우리였던 한 사람이
평화시장에 있었습니다

일요일만은 쉬게 해달라고
근로기준법을 지켜달라고
동서남북 뛰어다녀도
캄캄한 벽이었던 시간

건널 수 없는 절벽 앞에서 좌절 대신
활활 희망의 불을 붙였던
한 사람 전태일,

그가, 평화시장에 있었습니다.

50년 전 그대에게

— 전태일

오십 년 전 외쳤던
당신 목소리에서 희망을 찾는
나는 비정규직입니다

오십 년 전이나 지금이나
당신 목소리는 변한 것 없는데
세상 많이 좋아졌다 합니다
아니, 세상이 뒤바뀌었다고도 합니다
최저 임금이 인상되어
세상을 망친다고 난리입니다

십 년째 비정규직인 나는
아직도 최저 임금 보전비를 받고 있습니다
하루 세 끼니를 넘치게 챙겨대는 세상에
점심시간이 명시되지 않은
계약서 위에 주저 없이 서명하는
나는 비정규직입니다.

태극기 부대와 엄마 부대

1.

태극기는 우리나라 국기입니다

아침마다 교문 앞에서
고사리손 가슴에 얹고
국기에 대해 맹세하며 자랐습니다

태극기는
내 작은 가슴에서 자라
이 땅 산천이 되었습니다
그런 태극기가
성조기와 나란히 광화문에 모여
이 땅을 부정하며 흔들리고 있습니다

어린 내가 아침마다 맹세했던
그 태극기는
어디에서 길을 잃고 펄럭일까요?

2.

엄마는 영원한 고향입니다

내가 아는 엄마는
자식들 굶기지 않으려
손바닥만 한 황무지라도 일구어
양식거리 꽂던 엄마였습니다

엄마는 자식의 허물조차
당신 것으로 덮는
자식의 그림자입니다

그런데 광화문에 모인 엄마 부대는
엄마의 이름으로
자기 딸이 일본군 강제 위안부에 끌려갔더라도
이제는 일본을 용서해야 한다고
"아베 수상님, 미안합니다."를 외칩니다

이제 더 이상 광화문 앞에서
태극기와 엄마가
제발 그만 수난당하기를
더는 짓밟히지 않기를 명령합니다

흔적

처음 가는 외국 여행
가깝다는 이유로
가타카나, 히라가나도 모르면서
일본으로 갔다

모여 앉은 술잔 앞에
꼬푸, 이빠이, 와라바시……
벚꽃 핀 언덕에서
사쿠라를 연발하는

몇 년 배운 영어보다
한 번도 배운 적 없고
가까이 지낸 일본 사람 하나 없는
그들 말이 낯설지 않은

일제강점기에서 벗어난 지
백 년이 가까운데
강점기를 겪지 않은

내 몸속에
아직도 남아 흐르는 일제

그날이 오면

이국의 하늘을
구름처럼 넘나드는 국경

체코에서 독일로
경계를 넘는 순간 긴장도 잠시
이렇게 바람처럼 가볍다니

의미 없는 경계가
부러워 뭉클하다

한반도 허리 휘감은 철조망에 할퀸
바람의 핏빛 가슴이
사계절 풍경처럼 아무는 날

국경은 지도 위의 선일 뿐
철조망 허리띠가
박물관 유물이 되는

그날이 오면

아– 그날이 오면

진실은 늘 위기

마당발 과시에 웃음 짓는
가짜 하객

재력으로 포장한
가짜 부모

공짜 혜택에 줄 선
가짜 자식들

어른, 아이 할 것 없이
뒤차 타는 진실은 늘 힘이 없고
아니, 관심도 없다

포장 화려한 빈 상자에
환호하는 세상

칼날처럼 날 선 거짓이
대접받는 자리

혀끝은

거짓의 뒷굽을

달콤하게 핥는다

늙은 미래

희망이라 부르는 미래는 이미 늙었다
태어나지 못한 날들이 무엇을 품었더라도

내일에 받는 희망은
불안한 기후, 전쟁, 더 깊어지는 불평등,
쌓여가는 쓰레기와 사라져가는 숲……

그래도 우리는 내일은 희망이라 부르며
기대하고 기다리고 맞이하러 달려간다

내일이라는 미끼에 낚일 희망을 위해
바늘에 오늘을 꿰어 밑밥을 뿌린다

그래서
오늘은 늘 더 바쁘다

여름 끝에서

군부 독재 타도를 부르짖던 20대의 민주주의는 쏟아지는 최루탄 속에서 연기처럼 자욱하게 퍼지던 두려움조차 끓어오른 열정으로 태워버렸다

그 이후로도 정의와 민주주의를 향한 구호는 멈춘 적 없지만, 눈 닿는 곳, 귀 열린 곳, 몸으로 살아내는 곳곳 억압과 차별은 마디마디 뿌리 내린 바랭이처럼 이어져 오늘을 살고 있다

눈감은 정의는, 행동하지 못한 민주주의는, 공평한 저울이 되지 못한 자본과 노동의 시소 위에 공고히 뿌리를 박고, 내 아들딸 피땀을 열정페이로 만들고 있다 어쩌면 지난 시간이 한여름 매미 소리 같은 아우성도 되지 못한 그늘만의 리그였는지 모른다는 물음을 뻘뻘 땀방울로 흘린다

말똥말똥한 질문

설거지를 머리를 몸을 각종 비누로 씻고
깨끗하게 세탁된 옷을 입고
아이들 앞에서
너희가 먹고 버린 과자 봉지가 몇 년
깡통은 몇 년
수질이 나빠지면 되돌리는 비용과 긴 시간을 얘기하고
함부로 버려진 각종 쓰레기가 썩는 기간을 이야기하는데
손을 든 아이가
–선생님은 머리 감고 목욕할 때 뭐 써요?
나만 쳐다보는 말똥말똥한 눈들 차마 맞추지 못하고
늦은 여름날 매미 소리처럼 힘 잃은 목소리로
–잘 분리해서 버리고, 사용량도 줄이자는
매번 읊던 말을 나에게 되새김하는데
말똥말똥한 질문들이 날아와
따갑게 파고든다

바람의 전쟁

뉴스에서 또 대북 대남 전단이
전파를 타고 있다
흩날리는 종잇조각이 바람을 타고
남으로 북으로
누군가는 진실을 담았다고 믿고
누군가는 도발이라고 하는

대북 전단, 대남 전단

손가락 끝으로 어디든 연결되는 세상인데
아직도 남북의 우체부는 바람이라니
이 바람이 총소리를 배달하는
배달부가 될 수 있다니

바람이 얼굴을 스친다
이 부드러운 바람을
누가 전선에 배치하나

고독 속의 한 줄기 빛, 우애의 공동체로 확장

권영옥

한 시기 특별한 감정 그리고 외부성

유한성의 지배를 받는 인간은 어떤 한 시기에 이르러 특별한 감정을 경험할 때가 있다. 이러한 감정을 우리는 '고독'이라고 하고, 또는 '자기로의 복귀'라고도 한다. 고독이란 한 인간을 갇히게 하는 어둠이고, 외부와 차단된 채 자신을 익명성 속에 웅크리게 하는 감정이다. 왜 고독은 우리의 마음속에서 일어날까? 인간의 감정에는 인격성과 비인격성이 혼재해 있다. 그 때문에 자아는 죽음과도 같은 어둠 속에서 자신을 외롭고 쓸쓸하게 한다. 레비나스에 의하면 고독은 물질에 대한 걱정이 홀로서기 자체에서 생기고, 또한 이 걱정은 인간으로서 속 깊은 불행에 대응하고자 하는 진지한 시도라고 말한다. 다시 말해 개인의 물질적 욕망 때문에 걱정이 일어나고, 그걸 알면서도 인간은 존재의 짐을 스스로 벗지 못한다는 것이다.

그러나 인간은 고독 속에 오래 갇혀 있다 보면 빛이 필요하다. 그래서 홀로서기를 시도한다. 고독 속에서 홀로서기는 성찰이고 빛이다. 탈고독화로 자신을 정립한 인간은 사회성을 가진 자유인으로 살아간다.

허영옥 시인 역시 2017년에 첫 시집 『그늘의 일침』 이후 자아가 세계 속에서 철저하게 고립된 채 고독 속에 웅크리고 있다가 합리적 반성과 성찰을 통해 구체적인 외부성의 문제에 접근하게 된다. 시인에게서 구체적인 외부성이란 부모와의 소통의 관계나 존재의 본질을 자신의 바깥에서 찾아나가는 자아의 외적인 모습을 의미한다. 여기에 관한 시편들이 『장마에 말라 죽다』이다.

먼저, 고독의 시편에서 시적 화자의 익명성은 어디에서 오는가? 화자는 타인과의 공동 작업이나 매일 보는 시각을 통해 그들과 만난다. 관계를 돈독히 하기 위해 그들과 말을 섞으며 일상을 유지해나간다. 하지만 화자도 인간이어서 자기 속의 존재이다. 자아에 빠져 있으면 주변에 타자가 있건 없건 아무것도 모른다. 이러한 심리적 감정은 습관적인 일상과 삶의 의미를 상실하기에 화자는 고독 속에 혼자 웅크려 있게 된다. 거기에 관한 작품이 「내가 없는 하루」이다.

매일 아침 껍데기는 눈을 뜨고
알맹이는 잠을 자면서
습관처럼 일을 한다

몇 분 빠르든 늦든
사무실의 잠겨진 문은
아무런 투정 없이
속없는 나를 들이고
컴퓨터와 사람들 사이에
일상을 만든다

잠시도 쉬지 않지만
하루도 틀림없는
돌고 도는 시계 속에
습관만 있고
내가 없는 하루가
또 지난다

—「내가 없는 하루」 부분

계절은 늘 시린 겨울이거나
땡볕 아래 헐떡이는 여름이거나

수없이 찾는 전화벨을 품고 있어도
외롭고
공감하며 마주 웃는 웃음조차
고독한

계절은 봄이 왔는데
아무리 성능 좋은 카메라를 들이밀어도
다시는 담을 수 없는
내 봄

—「내 봄」 부분

위의 시에서 시적 화자에게는 물질적 욕망 때문에 고독한 감정이 일어나지는 않는다. 대신 "사무실의 잠겨진 문", "컴퓨터와 사람들"로 이루어지는 일상, 즉 습관적인 업무 때문에 고독한 감정이 생긴다. 의식주를 포함한 여행이나 세계를 담을 수 있는 성능 좋은 사물이 있어도 화자는 외롭다. 왜냐하면 화자의 고독은 시시포스의 천형처럼 사무실의 잠긴 문을 매일 열어야 하고, 컴퓨터에 집중하는 사람들을 만나야 해서 생긴다. 그것이 화자의 일상이다. 그가 아무렇지 않게 일상생활을 하는 것처럼 보이지만 마음은 등에 삶의 짐이 지어져 있고, 또 스스로 등짐을 진 줄 알면서도 내려놓지 못한다. 반복되는 일상에서 '나란 존재'는 없다. 시적 화자가 생각하는 '내가 있는 하루'란 어떤 것인가. 문화, 정치, 윤리 등에 자신을 가담해서 능동적인 자유를 표출할 수 있는 '나'를 뜻한다. 하지만 화자는 사유 체계의 의미를 갖는 외부와 소통할 수 없으므로 수동적인 존재로 살아갈 수밖에 없다. 결국 화자는 자아 바깥으로 향하는 문이 전혀 없어 내면성에 갇힌 존재가 된다.

시적 화자가 고독 속에 웅크려 있을 때는 자유의 한계가 있다. 자신을 박제하는 것만큼 어리석은 일은 없다. 하지만 화자가 어둠 속에서 빛을 원하는 순간, 마음속에는 탈고독화가 일어난다.

> 안으로, 안으로
> 웅크리기만 한 날들 속에

나는 점점 날개가 있다는 것조차 잊어버렸다

아침에 대문을 나서서 저녁에 들어서는
오랜 습관이 굳어가는 시간에 편하게 젖으며
날개는 퇴화의 흔적만 남기고
비상은 습관의 우리에 갇혔다

…(중략)…
날개의 흔적이 아프기 시작했다

그 이후, 쉽게 대문을 나서지 못하는 내게
누군가는 두려움이라고 했고
또 누군가는 설렘 때문이라고 했지만

저녁마다 아려오는
사라진 날개의 흔적에
아직 날 수 있다는
두려움과 설렘의 처방전을
조심스레 쓰며
나는
내 안의 비상을
깨운다

—「보이지 않는 날개가 아프다」 부분

이 시에서 시적 화자는 익명성 속에서 스스로 외부성과 차단되어 있다는 것을 인식하게 된다. 하지만 자신이 자유의 한계에 놓여 있어, 제 위치에서 그대로 웅크린 채 무의미한 일상을 견뎌내고 있다. 다시 말해 화자가 시간을 끊고 어둠의 우리 안에 갇히는 습관적 존재가 되었다는 뜻이다. 고독이 가장 비극적인 이유는 바로 이 일상의 반복성 때문이다. 화자는 반복되는 일상에서 가족을 위해 등짐을 지고 산다. 이런 것을 잘 알면서도 '퇴화한 날개'를 지니고 있어 "대문을 나"설 용기가 없다.

그러나 진정한 존재는 자기에게서 벗어나 얼마든지 다른 형식으로 존재할 수 있듯이, 아직 날 수 있다고 하는 삶의 실체화를 통해 화자 자신의 힘으로 속박을 풀어버린다. 화자에게 탈고독화는 성찰이고, 자신의 존재를 탈 소유로 바꾸는 일이다. 시적 화자의 시선은 "내 안의 비상"을 통해 가정 윤리를 실천하게 된다.

가정 윤리, 부모와 자식 간의 관계

화자의 사회성 회복은 일차적으로 가족들과 연대를 형성하고, 부모와도 소통할 공간으로 되돌아가는 일이다. 자녀에게서 부모는 안식의 공간이고, 우애의 한 형태이다. 요즘 들어 사회관계망 서비스가 인간성을 지배하는 세상에서 우리의 가족 형태도 서구의 핵가족처럼 도덕성의 결여를 보여주고 있다. 하지만 그 타락을 회복시켜주는 것이 바로 가정 윤리다. 레비나스가 의미하는 가정 윤리는 "인간 사회의 가장 가까운 곳에서 하는 선과 배려의 차원에서 생긴다." 시적 화자가 고독에서 벗어나 먼저 시작한 것은 가정 윤리, 즉 모성과의 소통이다.

엄마에게 가는 물리적 거리는
넉넉잡고 30분인데 3주가 걸렸다
그것도 통화 속 잘 있다는 안부를 뚫고
먼저 흘러나온 아픔을 느끼고

…(중략) …

가겠다는 전화에
"머하로 올랐고 바뿐데"
말리는 말 뒤로 기다리는 들뜬 마음이
첫물 머위 먹이려고
한 발이면 건너는 도랑을 건너다
뻔한 마음처럼 말을 듣지 않는 몸에
누구에게도 말 못 할 멍꽃으로
내게 주고 싶었던 봄을 앓고 있었다

—「겨울 수국」 부분

위 시는, 화자가 탈고독화를 통해 모성과 관계를 맺는 작품이다. 모성은 부성과 에로스의 행위를 통해 화자를 출산한다. 출산을 통한 모녀 관계에서 화자의 유일성은 모성의 에로스에 빚지는 존재이다. 화자를 세계에 내보낸 존재가 모성인 것이다. 이때 엄마의 자식이라는 것 안에는 이미 화자가 특별하게 존재한다는 것을 의미하고 있다. 그러므로 모성은 딸에게,

딸은 모성에 우애적 관계가 돈독할 수밖에 없다. 가겠다는 전화에 모성은 "뭐하로 올랐고 바뿐데"라고 말한다. 그러면서 화자를 위해 애지중지하는 "첫물 머위를 먹이려고/한 발이면 건너는 도랑을 건너다", "말을 듣지 않는 몸에/누구에게도 말 못 할 멍꽃"이 핀다. 멍꽃은 "봄을 앓고 있"는 모성의 상흔이다. 이 시에서는 주고 싶은 모성의 마음과 그 마음을 아는 화자의 마음이 중첩되어 멍꽃이 봄을 더 핍진감 있게 그려낸다.

하지만 윤리적인 가정에도 자식은 부모로부터 유래되어 자기화할 수 있다. 부모와 한 몸이 아닌 이상 자식은 낯선 타자일 수밖에 없다. 거기에 합당한 시가 「고요 앞에서」이다.

> 아버지 하늘로 모시는 날
> 몇 번을 다짐했다
> 삶과 죽음은 순리라고
>
> 여한 없는 삶이었다며
> 생의 모든 욕심 접으시던 앞에서
> 내 몸속 아버지를 뽑아냈다
>
> —「고요 앞에서」 부분

자식으로 인해 부성이 미래를 살아가지만, 엄연히 자식은 낯선 타자이다. 하물며 부성의 죽음을 본 화자는 더더욱 부성을 가족공동체에서 벗어난 영원의 세계로 외적 인식을 하게 된다. 그래서 그녀는 "내 몸속에서 아버지를 뽑아"버리고, "삶과 죽음은 순리"여서 아버지가 하늘의 이치를 따르는 것이라고 말한다. 순리란 화자 입장에서 부성의 죽음이 생물학적 요소로서 유기체의 유한성에 따르는 하늘의 이치다. 하지만, 윤리적 유한성에서 보면 죽은 부성의 의미는, 무-의미를 통해 화자 자신과 미래의 관계에 놓여 있게 된다. 이를 인식한 화자는 자기를 부성과 연결 지어 미래의 무한한 시간성으로 스스로 확장해 나간다.

갑자기 딛고 선 땅이 꺼지고
쳐다볼 하늘이 사라졌다

두려움에 짐승같이 울며
아버지를 부르다가 화들짝
눈뜨지 못한 잠이 깼다

나는 낯선 현실과 선명한 꿈
그 사이 어딘가에서
문을 열면 화투패를 두고 있는
아버지 등이 보일 것 같았고

아버지를 부르면
가만히 내 눈물 닦으며
토닥토닥 달래줄 것 같았다

— 상중(喪中)」 부분

가족의 끝에는 부모가 있다. 부모는 자식과 특별한 관계를 맺는다. 부모에게서 자식은 자신으로부터 유래되어 개별 존재로 살아갈 수 있다. 그래서 자식은 언제나 타자이면서 동시에 자신의 미래를 열어주는 분신이다. 그 점을 알고 있는 자식은 부모가 죽으면 현실 세계에서 사라지기에 충격은 대단하다. 꿈속에서도 "갑자기 딛고 선 땅이 꺼지고/쳐다볼 하늘이 사라졌다//두려움에 짐승같이 울"게 된다. 가족 관계에서 부성이 지붕의 역할이고 보면 그 부성은 언제나 가족으로부터 우애롭고 존중받아야 할 대상이다. 그런데 부성이 죽었어도 화자는 "문을 열면 화투패를 두고 있는/아버지 등이 보일 것 같고", 부르면 "내 눈물 닦으며/토닥토닥 달래줄 것 같"은 살아 있는 형상을 취하고 있다. 화자의 이러한 심리는 부성이 나와 함께 미래의 무한성을 열어갈 수 있는 관계에서 유래됐기 때문이다. 따라서 화자와 부성의 관계는 '불연속성의 연속'이라서 아버지는 "나, 이면서도 내가 가진 존재"이다.[1]

환경 생태와 타자를 위한 사회정의

허영옥 시인의 시편에서 나타나는 가정 윤리는 자식과 부모 관계를 통해 우애의 공동체를 형성하는 바람직한 관계의 표현이다. 시인의 시선은 가정 윤리에서 벗어나 이웃과 다수 타자가 있는 사회질서로 시선을 확장해간다. 그녀는 세계의

1 김연숙, 『레비나스 타자윤리학』, 「생성불식과 출산」, 256쪽.

닫힌 외부성을 비판하면서 사회정의를 부르짖고 있다. 즉 부조리한 사회에 대해서는 정의를, 생태환경의 문제에 대해서는 생태 복원의 필요성을 말하고 있다. 보통 사람들은 이 경우 다른 타자들과 상호 관계를 맺으며 연대성을 형성해간다.

그러나 시인의 역할이란 환경 단체나 정의 단체와 같이 사회공동체와 연대하는 것이 아니라 시 쓰기를 통해 비인간화 사회를 변혁하기 위한 형태로 사회정의에 앞장서고 있다. 이외에도 시인은 자연의 존엄과 자연생태계의 내재적 가치를 위해 환경생태를 복원해야 한다고 자신의 의견을 피력하고 있다. 이 말은, 시인이 암시를 통해 독자의 몫으로 남긴다. 우선 허영옥 시인은 시에서 환경 생태와 사회정의 구현을 위해서는 대중을 결집하게 하는 감정과 경험이 작동되어야 한다. 이러한 행위만이 부정한 세계에 대해 변혁을 일으킬 수 있다. 그 기초 작업에 해당되는 시가 「말똥말똥한 질문」이다.

설거지를 머리를 몸을 각종 비누로 씻고
깨끗하게 세탁된 옷을 입고
아이들 앞에서
너희가 먹고 버린 과자 봉지가 몇 년
깡통은 몇 년
수질이 나빠지면 되돌리는 비용과 긴 시간을 얘기하고
함부로 버려진 각종 쓰레기가 썩는 기간을 이야기하는데
손을 든 아이가
–선생님은 머리 감고 목욕할 때 뭐 써요?

나만 쳐다보는 말똥말똥한 눈들 차마 맞추지 못하고
늦은 여름날 매미 소리처럼 힘 잃은 목소리로
−잘 분리해서 버리고, 사용량도 줄이자는
매번 읊던 말을 나에게 되새김하는데
말똥말똥한 질문들이 날아와
따갑게 파고든다

—「말똥말똥한 질문」 전문

이 시에서 문명의 편리함을 온몸으로 겪는 시적 화자는, 아이러니하게도 어린 대상에게 대량소비 사회가 유발하는 폐비닐과 쓰레기를 버리지 말라고 말한다. 이러한 일이 지구 환경을 살리는 일이라고, 자신의 부끄러운 속내를 알기라도 하듯 어린 대상은 "선생님은 머리 감고 목욕할 때 뭐 써요?"라고 질문한다. 어린 대상에게 거짓말을 할 수 없는 화자는 아이의 말똥말똥한 눈을 쳐다볼 수 없다. "말똥말똥한 눈"이란 세계를 맑게 보는 아이의 순수성을 의미한다. 그런 어린 대상들을 향해 화자는 쓰레기를 "잘 분리해서 버리고, 사용량도 줄이자는/매번 읊던 말"을 되새김하고 있다. 되새김은 화자의 반성이고 성찰이다. 소재적 차원에서 크든 작든 환경 문제를 일으킨 화자에게 어린 대상의 말은 자신의 가슴에 "따갑게 파고든다", 자신에게 비수를 돌리는 화자는 자신의 잘못을 인정하는 것과 동시에 자연생태계를 파괴하는 다수 타자의 잘못도 어김없이 비판하고 있다.

허영옥 시인의 시는 자연생태계의 '생물종 감소'에 대응하지 못하는 환경 단체나 다수 타자에 대해서도 불편한 감정을 숨기지 않는다. 인간의 끝없는 대량 소비재 생산은 기후변화를 초래해서 결국에는 '생물종의 감소'를 불러일으킬 수 있다. 멸종의 문제는 곧 인간과 환경단체의 지속적인 관리 부재, 즉 무책임과 연결되는 것이다. 거기에 관한 시가 「137일」이다.

한여름을 시원하게
한겨울을 따뜻하게 보낸 결과

137일
올해 북극곰이
먹이 활동을 하지 못한 날이라네요

얼음 위에 누워 있어야 할 북극곰은 지친 모습으로
차와 굴뚝이 물 위에 비치는 마른 풀밭에서
이리저리 인간들의 행동을 살피며
사람이 던져주는 큰 물고기를 받아먹고 있네요

이글루가 사라진 북극은
머지않아
집집마다 집채만 한 곰들이
개처럼 집을 지키겠네요

그렇게 서서히
길들어가는 곰의 멸종을
우린 지켜보고 있네요

—「137일」 전문

이 시는 '곰의 멸종'에 대해 근본적인 책임을 산업기술 사회에 돌리고 있는 작품이다. 자본주의 산업화의 대량 생산은 인간을 편리하게 해 "한여름을 시원하게/한겨울을 따뜻하게" 한다. 공해 산업은 자연계를 불가피하게 훼손시키면서 성장한다. 산업 공해가 원인이 되어 북극권의 얼음층은 내려앉고, 곰들은 "137일"간이나 "먹이 활동을 하지 못"한 채 "얼음 위"가 아닌 "차와 굴뚝이 물 위에 비치는 마른 풀밭"에 "지친 모습"으로 있다. 제 역할을 잃어버린 곰은 "사람이 던져주는 큰 물고기를 받아먹"으며 살아간다. 더 끔찍한 일은 "집집마다 집채만 한 곰들이/개처럼 집을 지키"고 있어야 한다는 사실이다. "곰이 개처럼 집을 지킨다"라고 하는 풍유는 표면적 의미와 그 뒤에 숨겨진 이면적 의미를 동시에 보여주는 알레고리(allegory)다. 즉 화자는 환경 생태계를 복원하지 못하는 환경 단체나 우리 인간을 은근히 나무라고 있다. 결국 환경 · 기후 문제에 적극 대응하지 못한다면 인간은 '곰의 멸종'을 보게 될 것이다.

허영옥 시인의 외부성은 부정성을 지닌 정치적 체계에 대해서도 정의를 부르짖고 있다. 이 시편에서 사회정의란 인간이 지켜야 할 도덕, 법질서를 위한 연대성의 목적을 소유하는 것을 의미하는데, 그는 시에서 크고 거창한 구호를 내거는 게 아니라 실존적인 인간 정서의 보편성이 통하는 사회가 되기를 바라는 마음에서 말하고 있다.

거기에 부합되는 작품이 「2024년 12월 3일, 얼룩」, 「등신불」,

「50년 전 그대에게」, 「전쟁」이다.

2024년 12월 3일 새벽
국회 의사당에 군인과 탱크가 들이닥칠 때

세상에!
세상에!
하다가
그런데 또
언제라도 그랬을 것 같았다가

하늘을 두려워 않더니
결국 제 발등을 내려찍어
대한민국 역사에
지워지지 않는 얼룩을 남겼다

—「2024.12월 3일, 얼룩」 부분

지구 곳곳
자비 가득한 신들의 나라에서
자비 없이 오가는 폭격으로
신들의 곁으로 부모를 보내고
팔다리 잘려난 아이들은
핏빛 낭자한 지옥을 살지

—「전쟁」 부분

이 시는 한 국가의 긴급권을 남용하고 국민의 기본적 인권을 침해한 정권의 내란을 비판하는 작품이다. 시를 통한 화자의 비판은 국민의 보호와 위기에 처한 국가를 바로 세워야 한다는 새 창조 질서와 같은 정의다. 부정한 정권이 "2024년 12월 3일 새벽/국회 의사당에 군인과 탱크"를 동원하여 들이닥친다. 이러한 내란은 "대한민국 역사에/지워지지 않는 얼룩을 남겼다". 얼룩의 상징은 나라의 역사뿐만 아니라 세계인이 바라보는 우리의 흠이고 오점이다. 이 정권을 향해 시적 화자는 정의를 말한다. 부정한 정권이 국민을 반인간화의 도구로 삼았다는 점에서 화자는 시로써 공동체의 결속을 암시하고 있다.

이처럼 전체성 위험은 폭력을 지닌 정권에서만 나타나는 게 아니라 국가 간의 전쟁에서도 나타난다. 전쟁은 거대한 하나의 톱니바퀴와 같은 체계로 이루어지고 있다. 톱니와 톱니, 즉 체계와 체계는 조직적으로 연계되는데, 이 전체성 속에서 군인들은 도구가 된다. 폭격으로 군인이나 부모들이 죽으면 "신들의 곁으로" 가고, 도구도 되지 못하는 아이들은 팔다리가 잘려 나가, 핏빛이 낭자한 지옥에서 살게 된다. 전체성의 폭력은 세계에 대한 화자의 시선을 국가 간의 전쟁터로 이끈다. 인간이 서로 얼굴을 맞대고 상호 존중해야 하는 게 인간의 덕목이다. 덕목에 역행해가는 국가와 국가 간 충돌로 인류는 죽거나 피폐한 삶을 영위하게 된다. 결국 전쟁의 폭력성으로 인해 인류는 자멸의 길을 택할 것이라고 화자는 지적하고 있다.

허영옥 시인의 시편을 읽다 보면 왜! 라는 질문을 자꾸 읊조리게 된다. 우리의 일상은 왜 똑같을까, 불연속적인 시간

속에서 연속적으로 이어지는 부모와 나와의 관계는 어떤가, 기후 환경 회복을 위한 우리의 노력과 부정한 사회현실에 대한 우리의 목소리는 왜 약한가 등이다. 요약하면 시인의 시편에는 일상의 쓸쓸한 내면을 넘어서 자신과 부모와의 관계, 고향 이웃이나 인류에 대한 속 깊은 윤리적 이해가 들어 있다. 이는 현실을 살아가는 시인의 마음이 헐거워지면 꾸준히 성찰하고, 그러면서 엄격함을 유지해간다는 의미이기도 하다. 시인의 시가 지니고 있는 쓸쓸함과 긴장감이 주는 미 또한 전쟁 같은 인류의 거대한 주제에서 오는 게 아니다. 자신과 타자들의 고단한 일상에서 오는 고독과 당위적 현실을 개선하려는 의지가 용해되며 이루어내는 통합된 조화에서 나타나는 것이다. 무미건조한 일상과 그것을 넘어서는 세계로의 확장, 대극점이 공존하는 세계가 허영옥 시의 주조를 이루고 있다. 그런 의미에서 시인의 세밀한 통찰과 깊은 사유로 이루어내는, 즉 사회의 그림자를 겨냥하는 다음 시집을 기대해본다.

權寧玉 | 문학평론가

푸른사상 시선

1 **광장으로 가는 길** | 이은봉 · 맹문재 엮음
2 **오두막 황제** | 조재훈
3 **첫눈 아침** | 이은봉
4 **어쩌다가 도둑이 되었나요** | 이봉형
5 **귀뚜라미 생포 작전** | 정원도
6 **파랑도에 빠지다** | 심인숙
7 **지붕의 등뼈** | 박승민
8 **살찐 슬픔으로 돌아다니다** | 송유미
9 **나를 두고 왔다** | 신승우
10 **거룩한 그물** | 조항록
11 **어둠의 얼굴** | 김석환
12 **영화처럼** | 최희철
13 **나는 너를 닮고** | 이선형
14 **철새의 일인칭** | 서상규
15 **죽은 물푸레나무에 대한 기억** | 권진희
16 **봄에 덧나다** | 조혜영
17 **무인 등대에서 휘파람** | 심창만
18 **물결무늬 손뼈 화석** | 이종섶
19 **맨드라미 꽃눈** | 김화정
20 **그때 나는 학교에 있었다** | 박영희
21 **달함지** | 이종수
22 **수선집 근처** | 전다형
23 **족보** | 이한걸
24 **부평 4공단 여공** | 정세훈
25 **음표들의 집** | 최기순
26 **나는 지금 운전 중** | 윤석산
27 **카페, 가난한 비** | 박석준
28 **아내의 수사법** | 권혁소
29 **그리움에는 바퀴가 달려 있다** | 김광렬
30 **올랜도 간다** | 한혜영
31 **오래된 숯가마** | 홍성운
32 **엄마, 엄마들** | 성향숙
33 **기룬 어린 양들** | 맹문재
34 **반국 노래자랑** | 정춘근
35 **여우비 간다** | 정진경
36 **목련 미용실** | 이순주
37 **세상을 박음질하다** | 정연홍
38 **나는 지금 외출 중** | 문영규
39 **안녕, 딜레마** | 정운희
40 **미안하다** | 육봉수
41 **엄마의 연애** | 유희주
42 **외포리의 갈매기** | 강 민
43 **기차 아래 사랑법** | 박관서
44 **괜찮아** | 최은묵
45 **우리집에 왜 왔니?** | 박미라
46 **달팽이 뿔** | 김준태
47 **세온도를 그리다** | 정선호
48 **너덜겅 편지** | 김 완
49 **찬란한 봄날** | 김유섭
50 **웃기는 짬뽕** | 신미균
51 **일인분이 일인분에게** | 김은정
52 **진뫼로 간다** | 김도수
53 **터무니 있다** | 오승철
54 **바람의 구문론** | 이종섶
55 **나는 나의 어머니가 되어** | 고현혜
56 **천만년이 내린다** | 유승도
57 **우포늪** | 손남숙
58 **봄들에서** | 정일남
59 **사람이나 꽃이나** | 채상근
60 **서리꽃은 왜 유리창에 피는가** | 임 윤
61 **마당 깊은 꽃집** | 이주희
62 **모래 마을에서** | 김광렬
63 **나는 소금쟁이다** | 조계숙
64 **역사를 외다** | 윤기묵
65 **돌의 연가** | 김석환
66 **숲 거울** | 차옥혜
67 **마네킹도 옷을 갈아입는다** | 정대호
68 **별자리** | 박경조
69 **눈물도 때로는 희망** | 조선남
70 **슬픈 레미콘** | 조 원
71 **여기 아닌 곳** | 조항록
72 **고래는 왜 강에서 죽었을까** | 제리안
73 **한생을 톡 토독** | 공혜경
74 **고갯길의 신화** | 김종상
75 **고개 숙인 모든 것** | 박노식
76 **너를 놓치다** | 정일관

77 **눈 뜨는 달력** | 김 선
78 **거꾸로 서서 생각합니다** | 송정섭
79 **시절을 털다** | 김금희
80 **발에 차이는 돌도 경전이다** | 김윤현
81 **성규의 집** | 정진남
82 **번함 공원에서 점을 보다** | 정선호
83 **내일은 무지개** | 김광렬
84 **빗방울 화석** | 원종태
85 **동백꽃 편지** | 김종숙
86 **달의 알리바이** | 김춘남
87 **사랑할 게 딱 하나만 있어라** | 김형미
88 **건너가는 시간** | 김황흠
89 **호박꽃 엄마** | 유순예
90 **아버지의 귀** | 박원희
91 **금왕을 찾아가며** | 전병호
92 **그대도 내겐 바람이다** | 임미리
93 **불가능을 검색한다** | 이인호
94 **너를 사랑하는 힘** | 안효희
95 **늦게나마 고마웠습니다** | 이은래
96 **버릴까** | 홍성운
97 **사막의 사랑** | 강계순
98 **베트남, 내가 두고 온 나라** | 김태수
99 **다시 첫사랑을 노래하다** | 신동원
100 **즐거운 광장** | 백무산 · 맹문재 엮음
101 **피어라 모든 시냥** | 김자흔
102 **염소와 꽃잎** | 유진택
103 **소란이 환하다** | 유희주
104 **생리대 사회학** | 안준철
105 **동태** | 박상화
106 **새벽에 깨어** | 여국현
107 **씨앗의 노래** | 차옥혜
108 **한 잎** | 권정수
109 **촛불을 든 아들에게** | 김창규
110 **얼굴, 잘 모르겠네** | 이복자
111 **너도꽃나무** | 김미선
112 **공중에 갇히다** | 김덕근
113 **새점을 치는 저녁** | 주영국
114 **노을의 시** | 권서각
115 **가로수의 수학 시간** | 오새미
116 **염소가 아니어서 다행이야** | 성향숙
117 **마지막 버스에서** | 허윤설
118 **장생포에서** | 황주경
119 **흰 말채나무의 시간** | 최기순
120 **을의 소심함에 대한 옹호** | 김민휴
121 **격렬한 대화** | 강태승
122 **시인은 무엇으로 사는가** | 강세환
123 **연두는 모른다** | 조규남
124 **시간의 색깔은 자신이 지향하는 빛깔로 간다** | 박석준
125 **뼈의 노래** | 김기홍
126 **가끔은 길이 없어도 가야 할 때가 있다** | 정대호
127 **중심은 비어 있었다** | 조성웅
128 **꽃나무가 중얼거렸다** | 신준수
129 **헬리패드에 서서** | 김용아
130 **유랑하는 달팽이** | 이기헌
131 **수제비 먹으러 가자는 말** | 이명윤
132 **단풍 콩잎 가족** | 이 철
133 **먼 길을 돌아왔네** | 서숙희
134 **새의 식사** | 김옥숙
135 **사북 골목에서** | 맹문재
136 **왜 네가 아니면 전부가 아닌지** | 정운희
137 **멸종위기종** | 원종태
138 **프엉꽃이 데려온 여름** | 박경자
139 **물소의 춤** | 강현숙
140 **목포, 에말이요** | 최기종
141 **식물성 구체시** | 고 원
142 **꼬치 아파** | 윤임수
143 **아득한 집** | 김정원
144 **여기가 막장이다** | 정연수
145 **곡선을 기르다** | 오새미
146 **사랑이 가끔 나를 애인이라고 부른다** | 서화성
147 **더글러스 퍼 널빤지에게** | 백수인
148 **나는 누구의 바깥에 서 있는 걸까** | 박은주
149 **풀이라서 다행이다** | 한영희
150 **가슴을 재다** | 박설희
151 **나무에 기대다** | 안준철
152 **속삭거려도 다 알아** | 유순예
153 **중딩들** | 이봉환
154 **수평은 동무가 참 많다** | 김정원
155 **황금 언덕의 시** | 김은정
156 **고요한 세계** | 유국환
157 **마스카리 지운 초승달** | 권위상

158 **수궁가 한 대목처럼** | 장우원
159 **목련 그늘** | 조용환
160 **그대라면, 무슨 부탁부터 하겠는가** | 박경조
161 **동행** | 박시교
162 **광부의 하늘이 무너졌다** | 성희직
163 **천년에 아흔아홉 번** | 김려원
164 **이별 후에 동네 한 바퀴** | 이인호
165 **무릉별유천지 사람들** | 이애리
166 **오늘의 지층** | 조숙향
167 **오른쪽 주머니에 사탕 있는 남자 찾기** | 김임선
168 **소리들** | 정 온
169 **울음의 기원** | 강태승
170 **눈 맑은 낙타를 만났다** | 함진원
171 **도살된 황소를 위한 기도** | 김옥성
172 **그날의 빨강** | 신수옥
173 **의지와 표상으로서의 세계이니** | 박석준
174 **촛불 하나가 등대처럼** | 윤기묵
175 **목을 꺾어 슬픔을 죽이다** | 김이하
176 **미시령** | 김 림
177 **소나무 방정식** | 오새미
178 **골목 수집가** | 추필숙
179 **지워진 길** | 임 윤
180 **달이 파먹다 남은 밤은 캄캄하다** | 조미희
181 **꽃도 서성일 시간이 필요하다** | 안준철
182 **안산행 열차를 기다린다** | 박봉규
183 **읽기 쉬운 마음** | 박병란
184 **그림자를 옮기는 시간** | 이미화
185 **햇볕 그 햇볕** | 황성용
186 **내가 지켜내려 했던 것들이 나를 지키고** | 김용아
187 **신을 잃어버렸어요** | 이성혜
188 **웃음과 울음 사이** | 윤재훈
189 **그 길이 불편하다** | 조혜영
190 **귤과 달과 그토록 많은 날들 속에서** | 홍순영
191 **버려진 말들 사이를 걷다** | 봉윤숙
192 **나는 그를 지우지 못한다** | 정원도
193 **시인 안에 북적이는 찌꺼기들** | 최일화
194 **세렝게티의 자비** | 전해윤
195 **고양이의 저녁** | 박원희
196 **고요한 세상의 쓸쓸함은 물밑 한 뼘 어디쯤일까** | 금시아
197 **순포라는 당신** | 이애리
198 **고요한 노동** | 정세훈
199 **별** | 정일관
200 **시간의 색깔은 꽃나무처럼 환하다** | 백무산 · 맹문재 엮음
201 **꽃에 쏘였다** | 이혜순
202 **우수와 오수 사이** | 이 윤
203 **열렬한 심혈관** | 양선주
204 **머문 날들이 많았다** | 박현우
205 **죄의 바탕과 바닥** | 강태승
206 **곰팡이도 꽃이다** | 윤기묵
207 **지팡이는 자꾸만 아버지를 껴입어** | 이혜민
208 **진뫼 오리길** | 김도수
209 **연하리를 닮다** | 정유경
210 **체위에 관한 질문** | 박미현
211 **고 씨의 평미레** | 이주희
212 **숲속 헌책방에서** | 강최현숙
213 **부서지는 방식** | 이지우
214 **등 속의 집** | 송기흥
215 **구름 사내** | 주영국
216 **개미는 노동으로 외로운 문을 연다** | 오기화
217 **밀물의 숲** | 박미영
218 **너는 오월로 서 있다** | 이효복
219 **시로 쓴 생물도감** | 원종태
220 **소리를 접어 바람의 노래를 불러요** | 조정숙
221 **아무래도 바다가 책이다** | 김종숙